強く生きる

笑顔らんまんに突きすすむ言葉

牧野富太郎

興陽館

いのちあってこそ人間にうまれきし意義を
まっとうしえるのである。

自分のためにたのしみ、善人として
一生を幸福におくることは人間として
おおいに意義がある。

人間は健康がたいせつである。
われらはできるだけ健康に長生きをし、
あたえられたる使命をおもんじ、
その大事業を完成しなければならぬ。
身心の健全は若いときにやしなわねばならぬ。

もしも世界中の人間がわれにそむくとも、
あえて悲観するにはおよばぬ。
わが周囲にある草木は永遠の恋人として
われにやさしく笑みかけるのであろう。

朝なゆうなに草木を友にすれば
淋しいひまもない。

わたしは小さいときは弱くやせていたが、
だんだんほうぼうの植物を採集して
歩いたりしたので身体が強くなりました。

立身しようの、出世しようの、名をあげようの、
名誉をえようの、　 というような野心は、
今日でもそのとおりなんら抱いていなかった。

好きな植物の研究をするのが、ゆいいつの
たのしみであり、またそれが生涯の目的。

これから先もわたしの死ぬるまでも疑いなく
わたしはこの一本道をわき目もふらず
歩きとおすでしょう。

こんな澄んだ心で一生をおわれば
死んでもあえて遺憾はあるまい。

人間は生きてるあいだが花である。

強く生きる　笑顔らんまんに突きすすむ言葉　目次

好きだから強くなれる

1 章

1

どんな草にだって名前がある

きみ、世のなかに〝雑草〟という草はない。
どんな草にだって、ちゃんと名前がついている。
わたしは雑木林という言葉がキライだ。
松、杉、楢、楓、欅――みんなそれぞれ固有名詞がついている。
それを世の多くの人々が〝雑草〟だの〝雑木林〟だのと無神経な呼びかたをする。
もしきみが、〝雑兵〟と呼ばれたら、いい気がするか。
人間にはそれぞれ固有の姓名がちゃんとあるはず。人を呼ぶばあいには、正しくフルネームできちんと呼んであげるのが礼儀というものじゃないかね。

2

花はみな生きている

あなたがたはただなんの気なしに見すごしていらっしゃるでしょうが、植物たちは、歩くことこそできませんがみな生きているのです。

あなたがたも花をながめるだけ、においをかぐだけにとどまらず、好晴の日郊外に出ていろいろな植物を採集し、美しい花のなかにかくされた複雑な神秘の姿を研究していただきたいと思います。そこには数多の歓喜と、珍しい発見とがあって、あなたがたの若い日の生活に数々の美しい夢を贈物とすることでありましょう。

3

たのしむことが心を清く強くする

植物は意味のふかき天然物である。
この微塵の罪悪も含まぬ天然物をたのしむことから、
どれほど吾人の心情を清くかつ貫くするかほとんどはかられぬ。
醜悪なる娯楽よりこの清浄なる娯楽に転ずることは、
人間としてもっともたいせつなことである。

4

好きなものがあるとしあわせになる

草木があってわたしが生き、わたしがあって草木も世に知られたものが少くないのです。

草木とはなんの宿縁があったものか知りませんが、わたしはこの草木の好きなことがわたしの一生をつうじてとても幸福であるとかたく信じています。そして草木はわたしにとってはゆいいつの宗教なんです。

それこそわたしはしあわせであったといつもうれしく思っています。

5

ひとりぼっちの自分だから強くじょうぶになった

ひとりぽっちりの倅であるが、まだ顔を覚えないおさない時分に両親にわかれた。

そしてひとりとなり扁弱な生れであったが、植物が好きであったので山野での運動が足り、かつ、いつも心が楽しかったため、したがって体がしだいに健康を増しじょうぶになったのである。

6

あきらめない、負けない

ただ自然に草木が好きで、これが天稟《てんぴん》の性質であったもんですから一心不乱にそれへそれへと進んでこの学ばかりはどんなことがあっても把握してすてなかったものです。

7

発見につぐ発見がたのしい

植物は春夏秋冬わが周囲にあってこれに取り巻かれているから、いくら研究しても後から後からと新事実が発見せられ、こんな愉快なことはないのです。

8

大事なのはながく生きること

人間のかく幸福ならんとすることはそれは人間の要求で、またそのながく生きて天命を終わることは天賦である。

この天賦とこの要求とがよく一致併行してこそ、そこにはじめて人間のこの世に生まれ出てきた真の意義がある。

9

なぜながく生きる、なぜしあわせを求める

人間はなぜにながく生きていなければならぬ？　また人間はなぜに幸福を需《もと》むることを切望する？　その最大目的は動物でも植物でもおよそ生きとし生けるものはみなあえて変わることはない。畢竟《ひっきょう》人間はわが人間種類すなわちHomo sapiensの系統をこの地球の滅する極みどこまでも絶やさないようにこれを後世に伝えることと、またながく生きていなければ人間と生まれきた責任をはたすことができないから、それである期間生きている必要があるのである。

10

勝ち負けにこだわりが生まれる

世界に生まれ出たものただわれひとりのみならばべつになんの問題も起こらぬが、それがふたり以上になるといわゆる優勝劣敗の天則に支配せられておたがいに譲歩せねばならぬ問題が必然的に生じてくる。

11

他人に迷惑をかけない

そこにたくさんな人間がいるのであるから、そのなかには他人はどうでもよい、自分ひとりよければそれで満足だと人の迷惑もおもわず我利なおこないをなし、人間社会のひとりとしてはじつにまちがった考えをその通り実行するものがあって、社会の安寧秩序がいつも脅かされるので、そこで識者はいろいろな方法で人間を善にみちびき社会をよくしようと腐心している。

column

牧野富太郎コラム1　おどろくほどの集中力を発揮！

牧野富太郎は1862年（文久2年）の4月24日に高知県高岡郡佐川《さかわ》町にお金持ち商家の岸屋に跡取り息子として生まれました。

富太郎がまだ幼かった3～6歳のときに両親や祖父があいついで亡くなり、それからは祖母浪子の手によって大事に育てられました。

浪子はひとつのことに夢中になると、おどろくほどの集中力を発揮する富太郎の性質を見抜いていました。10歳で寺子屋で習字をならわせ、11歳になると伊藤蘭林の私塾で漢学や算術などを学ばせるといった英才教育をほどこしたのです。

その後、富太郎は、土佐藩の家臣の子どもたちが通う名門校、名教館《めいこうかん》に通い、地理や天文、英語なども学びました。学ぶことが大好きな富太郎は、自分より年上の武家の子どもたち以上に優秀で、みるみるうちに存在感を増していきました。

この名教館で身につけた知識や学力は、富太郎の人生を支える基礎となり、特に英語を原書で読めることが研究者として大いに役立つことになります。

しかし、12歳のとき、明治政府による小学校制が布かれると名教館は閉校。富太郎も新設された佐川の小学校に入学しましたが、名門校で高等教育を受けていた富太郎にとって、小学校は退屈な場所となり、2年後には自主退学します。

小学校退学という前代未聞の経歴を背負った富太郎ですが、ここからが本領発揮。植物の道へ一直線のストーリーが始まります。

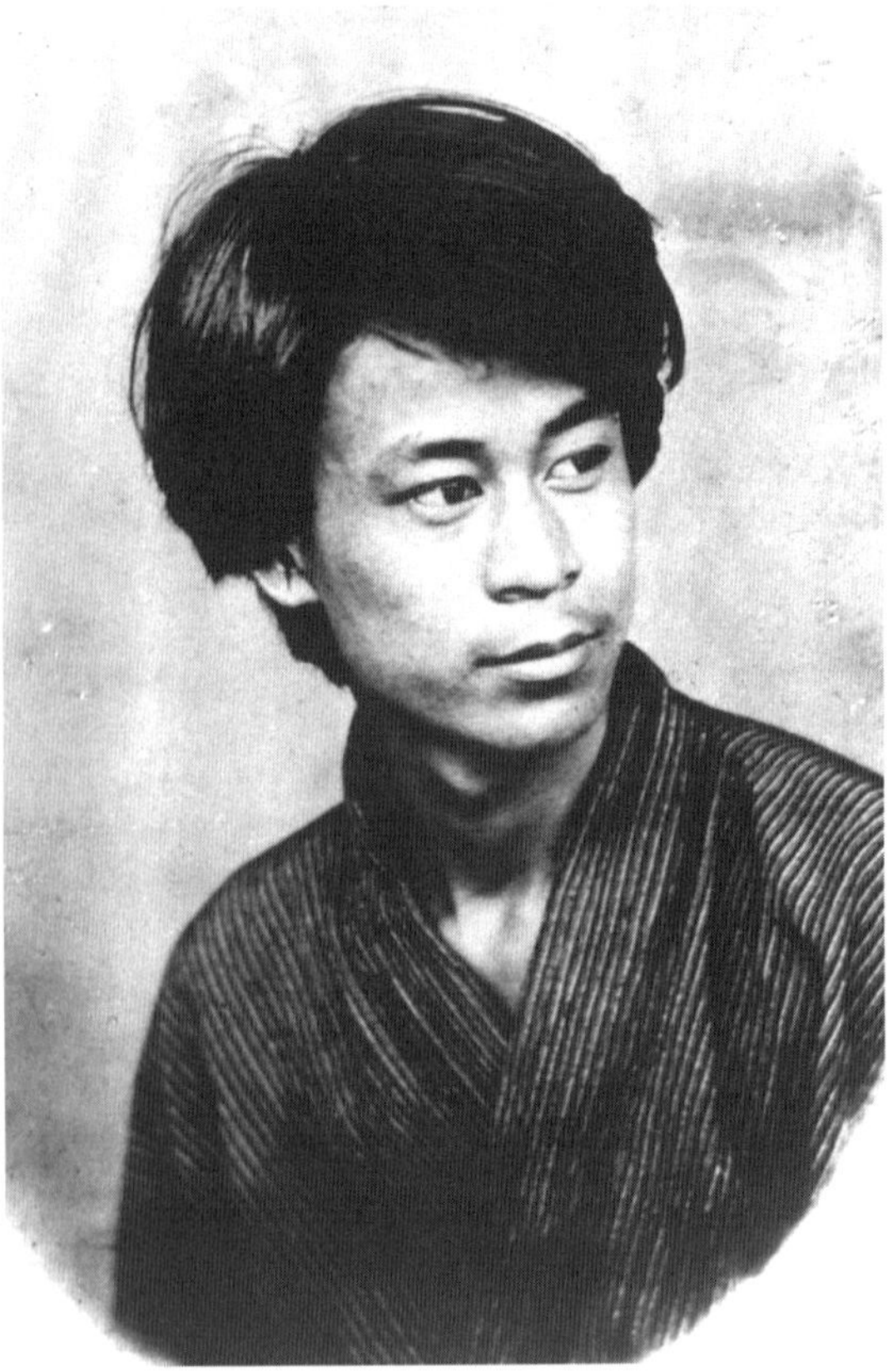

試練や壁の乗りこえかた

2 章

1

高知――ここで生まれて育った

土佐の国、高岡郡佐川《さかわ》町、この町は高知から西へ七里隔ったところにあり、その周囲は山でかこまれ、そのあいだにずっと田がつらなり、春日川という川が流れている。この川の側にあるのが佐川町である。南は山を負った町になり、北はひらいた田になっている。人口は五千位の小さい町である。この佐川からはいろいろな人物が輩出した。現代の人では田中光顕《みつあき》・土方寧《ひじかたやすし》・古沢滋《うろう》（迂郎が元の名）・片岡利和・土居香国《どいこうこく》・井原昂《のぼる》等の名をあげることができる。

2

幼い頃に父も母も病死、顔も知らない

佐川の領主――深尾家は主権者だが、その下に多くの家来がいて、これらの武士は町の一部に住み、町の大部分には町人が住んでいた。そして町の外には農家があった。近傍の村の人たちは皆この町へ買物にきた。佐川の町にはいろいろの商人がいて商売をしていた。佐川はたいへん水のよいところなので酒造りに適していたため、数軒の酒屋があった。町の大きさのわりには酒家が多かった。

この佐川の町にかく述べる牧野富太郎が生まれた。文久二年四月二十四日呱々《ここ》の声をあげたのである。牧野の家は酒造りと雑貨店（小間物屋といってい

た。東京の小間物屋とは異なっている）を経営していた。家は町ではかなり旧家で、町のなかでは上流階級の一軒であった。父は牧野佐平といって、親族つづきの家から牧野家へ養子にきた人である。牧野家家付の娘——久寿は、すなわちわたしの母である。

佐平と久寿のあいだにたったひとりの子としてわたしは生まれた。わたしが四歳のとき、父は病死し、続いて二年後には母もまた病死した。両親ともに三十代の若さで他界したのである。わたしはまだあまりおさなかったので父の顔も、母の顔も記憶にない。わたしはこのように両親にはやくわかれたので親の味というものを知らない。育ててくれたのは祖母で、牧野家のひとり息子として、とてもたいせつに育てたものらしい。小さいときは体は弱く、ときどき病気をしたので注意をして養育された。祖母はわたしの胸に骨が出ているといってずいぶん心配したらしい。酒屋を継ぐひとり子としてたいせつなわたしだったのである。

3

こうしてわたしは強くなった

酒屋は主人が亡くなったので、祖母が代わって采配を振って家の面倒をみていた。旧《ふる》い家であるので、自然に家の定《きま》りがついていて、家がみだれず商売をつづけていた。家には番頭――この男は佐枝竹蔵といった――がいてよく家のためにつくしていた。この男は香美《かみ》郡の久枝村から奉公にきた人である。これがなかなかのしっかり者であり、のちに独立して酒屋を営んでいた。こういうえらい番頭がいたので主人亡き後も、よく商売が繁昌していた。

そのころのことでよくおぼえていることは、わたしはよく酒男《さかおとこ》に押えつけられて灸をすえられたことである。それが病身のわたしを強くしたとも思う。

4

どんな立場であろうとも勉強をする

佐川から離れた東の土地に目細《めほそ》というところがあって、そこに伊藤徳裕《のりひろ》、号を蘭林という先生がいてたくさんの書生を集め、主として習字・算術・四書・五経の読みかたを教えた。わたしはそこへ入門した。門弟はたいてい士《さむらい》の子弟で、わたしのような町人は山本富太郎というわたしと同名の男とふたりだけだった。わたしがそこに入ったわけは、世のなかがこのように開けてきたから町人でもぜひ学問をしなければいかん、というので入ったわけである。

5 学歴なんか気にしない

わたしは明治九年頃、せっかく下等の一級まで進んだが、嫌になって退校してしまった。嫌になった理由はいまわからないが、家が酒屋であったから小学校に行って学問をし、それで身を立てることなどはいっこうに考えていなかった。

小学校を退いてからは本を読んだりして暮らしていたらしいが、べつにおぼえていない。

6

小学校を退学して独学で突き進む

小学校が嫌になって半途で退学しましたあとは、学校という学校へは入学せずにいろいろの学問を独学自修しまして多くの年所を費やしましたが、その間一貫して学んだというよりは遊んだのは植物の学でした。

7

明日はどうにでもなる

おもうて見ればまことに不思議なもので小学校も半分しかやらず、その後どこの学校へも入らず、何の学歴も持たぬわたしがぽっかり民間から最高学府の大学助手に成り講師に成り後には遂に博士の学位迄も頂戴したとは実にうその様なことで実に世は様々、何がどうなるか判ったもんではない。

8 やりたいことをするから新しい場所に行く

学問をするにはどうも田舎にいてはいかん、さきに進んで出ねばいかんと考え、小学校を辞し高知へ出かけた。

9

本で植物の名前をおぼえる

わたしはあけ暮れこの本をひっくり返してみてはいろいろの植物の名をおぼえた。当時はじっさいの知識はあるが、名を知らなかったので、この本について多くの植物の名を知ることができた。

10

サムライ雑誌と町人雑誌

わたしは思うに、「植物学雑誌」は武士《さむらい》であり、「動物学雑誌」のほうは町人であったと思う。というわけは「植物学雑誌」のほうは文章も雅文体で、精練されていたが、「動物学雑誌」のほうは文章も幼稚ではるかに下手であった。

当時「植物学雑誌」の編集の方法は、編集幹事が一年で交代する制度だった。堀正太郎君などは、横書きを主張し、堀君の編集した一ヵ年だけは雑誌が横書きになっている。

11 日本ではじめての本を出す

自分は植物の知識がふえるにつけ、日本には植物誌がないから、どうしてもこれをつくらねばならんと思い、これが実行にとりかかった。

植物の図や文章をかくことはべつに支障はなかったが、これを版にするについて困難があった。わたしは当時（明治十九年）東京に住む考えは持っていなかったので、やはり郷里に帰り、土佐で出版する考えであった。郷里で出版するには自身印刷の技術を心得ていなければいけんと思い、一年間神田錦町の小さな石版屋で石版印刷の技術を習得した。石版印刷の機械も一台購入し郷里へ送った。

しかしその後出版はやはり東京でやるほうが便利なので、郷里でやる計画はやめにした。

この志は明治二十一年十一月になって結実し、『日本植物志図篇』第一巻第一集が出版された。わたしの考えでは図のほうが文章よりも早わかりがすると思ったので、図篇のほうをさきに出版したわけであった。

この第一集の出版は、わたしにとってまったく苦心の結晶であった。日本の植物誌をはじめてうちたてた男は、この牧野であると自負している。

12

借金地獄におちいるほどに

家の財産もほとんど失くなり、家庭には子供もふえてきたので、暮らしはなかなか楽ではなかった。わたしは元来鷹揚《おうよう》に育ってきたので、十五円の月給だけで暮らすことは容易なことではなく、やむなく借金をしたりした。借金もやがて二千円あまりもでき、暮らしが面倒になってきた。

13

金がないつらさを知っているか

月給のあがらないのにひきかえ、子供はつぎつぎに生れ、十三人もできた。財産は費いはたし一文の貯えもない状態だったので、食うためにしかたなく借金もしなくてはならず、毎月そちこちと借りるうちに、利子はかさんでくる。そのうちに執達吏にみまわれ、わたしの神聖なる研究室を蹂躙《じゅうりん》されたことも一度や二度ではなかった。つみあげたおびただしい標品、書籍のあいだに坐してぼうぜんとして彼等の所業を見守るばかりであった。一度などは、ついに家財道具が競売に付されてしまい、翌日知人のあいだで工面した金で、やっと取りもどしたこともあった。

家賃も滞りがちで、立退きを命ぜられ、引越しを余儀なくされたこともしばしばであった。なにしろ親子十五人の大家族だから、二間《ま》や三間の小さな家に住むわけにもゆかず、そのうえ、標品をしまうに少なくとも八畳二間が必要ときているので、なかなか適当な家が見つからず、そのたびに困惑してさがし歩いた。

14

妻が自分の力になってくれる

その間、わたしの妻はわたしのような働きのない主人にも愛想をつかさず、貧乏学者に嫁いできたのを因果だと思ってあきらめてか、嫁に来たての若いころから芝居も見たいともいわず、流行の帯一本ほしいといわず、女らしい要求いっさいを放って、陰になり陽になって絶えず自分の力となってつくしてくれた。

この苦境にあって、十三人もの子供にひもじい思いをさせないで、とにかく学者の子として育て上げることはまったく並大抵の苦労ではなかったろうと、いまでも思い出すたびにかわいそうな気がする。

15

苦境のなかにあってけっして負けない

この苦境のなかにあってわたしはけっして負けまいと決心し、他日の活躍にそなえ潜勢力をたくわえるのがよいと考え、論文をどしどし発表した。しかし金銭の苦労はともすれば、研究を妨げ、さすがに無頓着なわたしも明日はいよいよ家の荷物がぜんぶ競売にされるという前の晩などは、頭のなかが混乱してじっと本を読んでもいられなかった。この苦しいときに、わたしは歯をくいしばりながら一心に勉強し、千頁以上の論文を書きつづけた。この論文が後にわたしの学位論文となったものである。

16

千五、六百の新しい植物を発見する

わたしはこうして実地に植物を観察し、採集しているうちにずいぶんと新しい植物も発見した。

その数ざっと千五、六百にも達するであろうか。

また属名・種名を正したり、学名を冠したりした。そのため、わたしの名は少しく世に知られてきた。

17

苦難をただただ乗りこえる

わたしの長い学究生活は、いわば受難の連続で、たえず悪戦苦闘をしながら今日に来たのであるが、まずこれを前後ふたつの大きい受難としてみることができる。

わたしは土佐の出身で、学歴をいえば小学校を中途までしか修めないのであるが、小さいときから自然に植物が好きで、田舎ながらも独学でこの方面の研究は熱心に続けていたのである。

それで明治十七年に東京へ出ると、早速知人の紹介で、大学の教室へ行ってみた。時の教授は矢田部良吉氏で、松村任三氏はそのしたで助手であった。それで矢田部氏などに会ったが、なんでも土佐から植物に大変熱心な人が来たというので、皆で歓迎してくれて、教室の本や標品を自由に見ることを許された。それからわたしは始終教室へ出かけていっては、ひたすら植物の研究に没頭した。

18
目標をかかげて突きすすむ

その当時、日本にはまだ植物志というものがなかったので、ひとつこの植物志をつくってやろう――そういうのがわたしの素志であり目的であった。

もとわたしの家は酒屋で、多少の財産もあり、両親にははやくわかれ兄弟はひとりもないので、わたしがその家をついだので、財産は自由になるからその金でわたしは東京へ出たのである。

19

他人にたよるな、自分でやってみる

自分でいうのも変だが、わたしはべつに図を描くことを習ったわけではないが、生来絵心があって、自分で写生などもできる。

そこでとくに画家を雇うて描かせる必要もないので、まずどうにか独力でやってゆけると考えたのである。

ところが、そのうちに郷里へ帰ることがだんだんいやになってひとつ東京でこれを出版してやろうという気になり、いよいよ著述にかかった。

もっとも当時は植物学がいまのように発展せぬ時代だから、そんなものを出版したところで売れはしない。

で出版を引きうける書店のあろうはずもないので、自費でやることを決心し、とりあえず『日本植物志図篇』という図解を主にしたものを出版した。

20

「とにかくつづける」が大事

こうした苦難のあいだにも、わたしはとにかく矢田部氏に対抗しつつ、出版を続けて十一冊まで出した。ところが、このころになって、郷里の家の財産が少しく怪しくなってきた。

わたしはこれまでの生活費だとか、書籍費だとか、植物採集の旅行費だとか、また出版費だとか、すべて郷里からドシドシ取りよせては費っていたので、無論そういつまでもつづくはずはなかったのである。それで郷里からは一度帰って整理をしてくれといってくるので、やむなくわたしは二十四年の暮に郷里へ帰った。

21

試練にも立ちむかえ

つぎに来た受難こそ、わたしにとって深刻を極めたものであった、その深手を負ったそのときの瘡痍《そうい》がまだ今日まで残っているものがある。

矢田部氏のあとをついで大学の教授になったのは松村任三氏であるが、わたしは菊池大麓先生の推挙によってこの松村氏の下で、明治二十六年に助手としてはじめて大学の職員につらなることになった。ちょうど郷里の財産がなくなってしまったときに、折よく給料をもらうことになったので、たいへん都合がよかったかに思われるが、じつはそのときの給料がたった十五円で、わたしのこの後の大厄もこのときにすでに兆《きざ》しているのである。

22

道楽が借金を膨らませても

「芸が身を助けるほどのふしあわせ」ということがあるが、道楽でやっていたわたしの植物研究はここにいたって唯一の生活手段となったのである。が、なにぶん学歴もない一介書生の身には、大学でもそう優遇してはくれず、といってそれに甘んじなければならぬわたしの境遇であった。

ところで、わたしの家庭はというと、もうそのころには妻もあるし子供も生まれるし、そのうえわたしはじゅうらい雨風を知らぬ坊っちゃん育ちであまり前後も考えないで鷹揚に財産を使いすてていたのが癖になっていて、いまでも友人から「牧野は百円の金を五十円に使った人間だから――」なんて笑われるくらいで、金にはまったく執着のないほうだったから、とても十五円位で生活が支えていけるはずはなく、たといごくつましくやってもとても足りない。勢い借金をせずにはいられなかった。

大学に勤めておれば、またそのうちにはどうにかなるだろうとそれを頼みの綱として、借金をしながら生活したわけであるが、それでとうとうふえてついに二千円程の借金ができてしまった。

23

肩書なんてなくても仕事はできる

いまこそわたしは博士の肩書を持っている。しかしわたしはべつに博士になりたいと思わなかった。これは友人に勧められて、のっぴきならぬことになって、論文を出した結果である。

わたしはむしろ学位などなくて、学位のある人と同じ仕事をしながら、これと対抗して相撲をとるところにこそ愉快はあるのだと思っている。学位があれば、なにか大きな手柄をしても、博士だからあたり前だといわれるので、興味がない。

24

地位に執着しない

学位や地位などにはわたしは、なんの執着をも感じておらぬ。

ただ孜々《しし》として天性好きな植物の研究をするのが、唯一のたのしみであり、またそれが生涯の目的でもある。

いまではわたしと花との恋は、五十年以上になったが、それでもまだ醒《さ》めそうもない。

25

大地震にであう

震災のときは渋谷の荒木山にいた。わたしは元来天変地異というものに非常な興味を持っていたので、わたしはこれにおどろくよりもこれを心ゆくまで味わったといったほうがよい。

当時わたしは猿又ひとつで標品をみていたが、すわりながらその揺れ具合をもみていた。

26

名前より実をとれ

わたしは従来学者に称号などはまったく必要がない、学者には学問だけが必要なのであって、裸一貫で、名も一般に通じ、仕事も認められれば立派な学者である、学位の有無などは問題ではない、と思っている。

27

どこにいても強く生きる

昭和十四年の春、わたしは思い出深い東京帝国大学理学部植物学教室を去ることになった。わたしはもう年も七十八歳にもなったので、後進に途を開くため、大学講師を辞任するの意はかねて抱いていたのであったが、辞めるについてすくなからず不愉快な曲折があったことは遺憾であった。

わたしはいま改めてそれについて語ろうとは思わないが、何十年も恩を受けた師に対しては、相当の礼儀をつくすべきが人の道だろうと思う。権力に名をかり一事務員を遣《つかわ》して執達吏のごとき態度でわたしに辞表提出を強要するがごときことは、許すべからざる無礼であるとわたしは思う。

辞めるときのわたしの月給は七十五円であったが、このことは相当世間の人をおどろかしたようだ。

わたしは大学を辞めても植物の研究をやめるわけではないから、その点は少しも変りはないわけである。

28

お金がなくても思うように生きる

思い出深い大学は辞めたが、自分の思うように使える研究の時間が多くなったことはなによりさいわいである。

わたしはさいわい健康に恵まれていて、雨天の際もレインコートを着けることをつとめないでも平気だし、また植物の図を描くときにも、どんな細部でも毛筆で描けてけっして手がふるえるようなことはない。貧乏なわたしにとって、衣服の心配はなし、助手をやとう必要はなし、真にありがたい健康を得たと思っている。

29

あせってもしかたない

だが、昨日まで暖飽《だんぽう》な生活をして来たわたしがわずかに毎月十五円とは、これには弱った。何分足りない、足りなきゃ借金ができる。それから段々子供が生れだし、おどろくなかれ後には遂に十三人におよんだ。そして割合に給料が上らない。さあ事だ、わたしの多事多難はここからスタートして、それからが波瀾重畳《はらんちょうじょう》、つぶさに辛酸を嘗めた幾十年を大学で過ごした。

その間また断えず主任教授の理不尽な圧迫が学閥なきわたしに加えられたので、今日その当時を回想すると面白かったとは冗戯半分いえないこともないではないが、しかし誠に閉口した。がそれでも上に媚びて給料の一円も上げて貰いたいと女々しく勝手口から泣き込んで歎願におよんだことは一度も無く、そんなことはいやしくも男子のすることではないと一度も落胆はしなかった。

そしてこんな勢の不利な場合は幾らあせってもしかたがないからそんなときは黙ってうんと勉強し潜勢力を養い、他日の風雲に備うる覚悟をするのがもっとも賢明であると信じ、わたしは何の不平も口にせずただ黙々として研究に没頭し、多くの論文をつくってみたが、この研究こそ他日端なくわたしの学位論文となったものである。

30

足もとの明るいうちに立ち去る

紆余曲折あるこんな空気のなかにながく居りながら、何の学閥も無き身を以て明治廿六年就職以来今日まで実に四十七年の歳月が流れたのである。こんなながい間あえて薄給を物ともせずいやな顔一つも見せずにいつもニコニコと平気で在職していたことは大学としても珍らしいことであろうし、また本人の年からいっても七十八歳とはこれもまた他に類のない事であろう。

そこでわたしの感ずることは成るべく足もとの明るいうちにこの古巣を去りたいことで、去年からそれを希望し今年三月を限りとし「ながく通した我儘気儘最早や年貢の納め時」の歌を唄いつつこの大学の名物男（これは他からの讃辞であって自分は何んとも思っていない）またはいわゆる植物の牧野さん（これも人がよくそういっている）が、この思い出深い植物学教室にお暇乞いをするのである。

31

隠居なんてしない

大学を出てどこへ行く？　もうよい年だから隠居する？　とぼけたことというない、吾等の研究はまだ終っていないでなお前途遼遠だ。まだ自分へ課せられた使命は果されていないからこれから足腰の達者な間はこの闊《ひろ》い天然の研究場で馳駆しできるだけ学問へ貢献するのだ。

さいわい若い時分から身体に何の故障も無くすこぶる健康に恵まれているので、その辺はあえて心配無用だ。

わたしの脈は柔かく血圧は低く、えへん元気の電池であるあそこも衰えていなくそして酒を呑まず煙草も吸わぬからまず長命は請合いだと信じている。まあ死ぬまで活動するのがわたしの勤めさ。「薬もて補ふことをつゆだにも吾れは思はずけふの健やか」これなら大丈夫でしょう。

妻・寿衛子

牧野富太郎コラム2

熱いきもちを持ちつづけると夢はかなう

小学校を中退した富太郎は、日々、野山を歩きまわり、お気に入りの植物を見つけては、持ち帰り、ひたすら植物の世界にのめりこみました。

とにかく、なによりも植物が好きだったようです。

植物の観察をしながら絵を描き、植物の知識とともに絵を描くことも独学で学んでいきました。

そんな富太郎少年に転機がおとずれます。

退学した佐川小学校校長から臨時教員になってほしいといわれ15~17歳まで教壇に立つことになるのです。

このできごとからも、どれほど富太郎が優秀だったかがわかります。

教員をつづけながらも、植物採集を精力的におこない、没頭する富太郎は、高価な顕微鏡や書籍を次々と購入したり、有名な植物学者にはるばる会いに行くなど、積極的に行動していきます。

こういったことができたのも、お金持ちの実家の助けがあったからこそ。

とはいえ、植物のことを毎日考え、もっと知りたい、もっと学びたいという富太郎の強い情熱は、家族やまわりの人たちの心も動かしたのでしょう。

やりたいことを
思いきりやれ

3 章

1

やりたいことだから疲れない

たまたま庭に出るとそこから採集してきた植物をいまでも昔と同じく標品に製作して他日の考証にそなえる用意をおこたってなく、その押紙を取りかえることなど皆自分でやらんと気がすまない。

すなわちこんなことがわたしの日常の日課で少しも休んでいない。そしてふだん、夜はたいてい一時二時もしくは三時までも勉強し、ときにはペンを走らしているあいだに夜があけることもある。けれどもあえて体の疲れることを覚えないのはなによりしあわせであると喜んでいる。

2 勉強をするだけで仕事の効果があがる

わたしはこのようにすることがわがたのしみであるばかりでなく、それはわたしに課せられた使命であると信じており、勉強すればするだけ仕事の効果もあがり、ひいてはそれが斯学に貢献することとなり、つまりは日本文化のためになることを思えばなんの苦にもならず、きわめてよろこばしく感じているばかりである。ゆえに今日のわたしはわが一身を植物の研究に投じ至極愉快にその日その日を送っているので、こうすることのできるわが身を非常な幸福だと満足しているしだいである。

3

山を歩いて健康になる

わたしは元来土佐高岡郡佐川町の酒造家に生まれたひとりぼっちの倅《せがれ》であるが、まだ顔を覚えないおさない時分に両親にわかれた。そして孤となり羸弱《るいじゃく》な生まれであったが、植物が好きであったので山野での運動が足り、かついつも心がたのしかったため、したがって体がしだいに健康を増しじょうぶになったのである。そしてわたしは小さいときから酒も煙草も呑まないので、これもわたしの健康の助けになったにちがいないと信じている。

4 いくつになっても働く

人間は足腰の立つあいだは社会に役だつ有益な仕事をせねばならん天職をうけている。それゆえはやく老いこんではおしまいだ。また老人になったという気持を抱いてはだめだが、しかしそんな人が世間にすくなくないのはなげかわしい。今日戦後の日本は戦前の日本とはちがい、わき目もふらず一生懸命に活動せねばならぬのだから、老人めく因循姑息な退嬰気分はいっさい放擲して、いくら老人でも若者に負けず働くことがたいせつだ。わたしは翁、老、叟の字が大嫌いで、揮毫のさい結網翁（結網はわたしの号）などと書いたことは夢にもない。

5

ひとりをたのしむ極上の時間を持つ

植物が好きであるために花を見ることがなによりたのしみであってあくことを知らない。まことにもってしあわせなことだ。花に対すればつねに心が愉快でかつ美なる心情を感ずる。ゆえにひとりをたのしむことができ、あえて他によりすがる必要を感じない。ゆえにかりに世人から憎まれてひとりぼっちになっても、けっして寂寞《じゃくまく》を覚えない。

じつに植物の世界はわたしにとっての天国でありまた極楽でもある。わたしは植物を研究しているとあえてあきることがない。

ゆえに朝から晩まで何かしら植物に触れている。
こうしたことが人生として有意義に暮らさしめる。
人生まれて酔生夢死ほどつまらないものはない。

6

死ぬまでやりつづける

学者は死ぬる間際まで、すなわち身心が学問に役だつあいだは日夜孜々《しし》としてその研鑽をつづけねばならない義務と責任とがある。

7
あっといわせるものをつくる

わたしは凡人だから凡人並みの信条を持っている。

そのなかでわたしとしてもっとも大なる信条は、わが日本の植物各種をきわめて綿密にかつ正確に記載し、これを公刊して書物となし、世界の各国へ出しおおいに日本人の手腕を示して、日本の学術を弘く顕揚し、かつ学界へ対してきわめて重要な貢献をなし得べきものを準備するにある、つまり各国人をあっといわせる誇りあるものをつくりたいのだ。

牧野富太郎コラム3　借金をしてまでも好きをつらぬく

22歳になった富太郎は、東京に行き、植物学研究の最先端といわれた東京大学の植物学教室に出むき、矢田部教授に自分がどれだけ植物好きかということを話しました。

ふつうであれば、門前払いされかねないのですが、富太郎の植物へのなみはずれた知識と植物に対する愛情が認められ、教室への出入りが許されました。

その後、東京大学に出入りしながら、全国各地で植物採集をつづけ、さらに印刷の技術も学びました。

そして、26歳のときに『日本植物志図篇』を自分の手で自費出版したのです。本のなかの繊細な植物図は、各方面から誉めたたえられました。

東京で出会った寿衛子《すえこ》と結婚した富太郎は、給料はとてもすくなかったのですが、研究に惜しみなくお金を使うため、借金をするようになりました。そのため、生活は苦しくなり、いわゆる貧乏でした。それでも、富太郎は研究をやめることはなく、没頭しつづけるのです。

まわりから見るとあきれてしまうような暮らしぶりでしたが、不思議なことに、毎回ピンチになると誰かが助けてくれるのです。植物をここまで愛し、研究を重ねて、人生を歩む富太郎の力強さは、周囲が放っておかないということかもしれません。富太郎は生まれついての強運の持ち主ともいえます。

「花が好き」をつらぬく

4章

1

好きに理由なんてない

それはすなわちわたしは植物の愛人としてこの世に生まれきたように感じます。あるいは草木の精かもしれんと自分で自分を疑います。ハハハハ、わたしは飯よりも女よりも好きなものは植物ですが、しかしその好きになった動機というものはじつのところそこになにもありません。つまり生まれながらに好きであったのです。どうも不思議なことには、酒屋であったわたしの父も母も祖父も祖母もまたわたしの親族のうちにも誰ひとりとくに草木の嗜好者はありませんでした。

わたしはおさないときからただなんとなしに草木が好きであったのです。

2

好きなものがあればしあわせだ

わたしが自然に草木が好きなために、わたしはどれほど利益をうけているかしれません。

わたしは生来ようこそ草木が好きであってくれたとどんなに喜んでいるかわかりません。

それこそわたしはさいわいであったといつもうれしく思っています。

3 死ぬまでやってみせる

それゆえまだわたしの専門の仕事は若いときと同じようにできますのでまことに心強く、これから死ぬまでウント活動を続けにゃならんと意気込んでおります。先日大学をやめて気も心も軽くなり何の顧慮することもいりませんので、この見渡すかぎりの山野にあるわが愛する草木すなわちわが袖褸《しゅうろう》を引く愛人のなかに立ち、彼らを相手におおいに働きます。そしてその結果どんなものが飛びだすのか、どうぞこれから刮目してお待ちくだされんことを願います。

4 思いやることで思いやられる

草木は生きものでそして生長する。その点あえて動物とは異なっていない。草木を愛すれば草木がかわいくなり、かわいければそれを大事がる。大事がればこれを苦しめないばかりではなく、これを切傷したり枯らしたりするはずがない。そこで思いやりの心が自発的に萌《きざ》してくる。一点でもそんな心が湧出すればそれはとても貴いもので、これを培えばだんだん発達してついに慈愛に富んだ人となるであろう。このように草木でさえ思いやるようにすれば、人間同士は必然的になおさら深く思いやり厚く同情するのであろう。すなわちかた苦しくいえば、博愛心、慈悲心、相愛心、相助心が現れるわけだ。

5

花を枯らさない、虫は殺さない

わたしはいま草木を無駄に枯らすことをようしなくなった。またわたしは蟻一疋でもこれをいたずらに殺すことをようしなくなった。

そして彼等に同情し思いやる心をわたしは上に述べた草木愛から養われた経験をもっているので、それでわたしはなおさら強くこれを世に呼びかけてみたいのである。

6

成功したいとは考えない

植物が好きなもんですから毎年よく諸方へ旅行しまして、実地の研究を積んであえてべつに飽きることを知りません。

すなわちこうすることがわたしの道楽なんです。およそ六十年間位も何のわき目もふらずにやっております結果、そのながいあいだに植物につきいろいろな「ファクト」をのみ込んではいますが、決して決して成功したなどという大それた考えはしたことがありません。いつも書生気分で、まだ足らない足らないとわが知識の未熟で不充分なのを痛切に感じています。

それゆえわれらは学者で候《そうろう》との大きな顔をするのが大きらいで、わたしのこの気分はわたしに接するおかたは誰でもそうお感じになるでしょう。
来る年も来る年も、左の手では貧乏と戦い右の手では学問と戦いました。

7 どんな困難の壁ものりこえられる

その際そんなに貧乏していても、いっときもその学問と離れなくまたそう気を腐らかさずに研究をつづけておれたのは、植物がとても好きであったからです。気のクシャクシャしたときでもこれに対するともうなにもかも忘れていますこんなことでわたしの健康も維持せられ、したがって勇気も出たもんですから、そのながい難局が切りぬけてこられたでしょう。

8 健康であればいつまでも強く元気に生きられる

わたしは現在七十四歳です。でも老眼でもなく血圧も青年のように低い。動脈硬化の心配もない。医者の言葉ではもう三十年もその生命を許される、とのことである。酒や煙草を飲まなかったことの幸福をいましみじみとよろこんでいる。

青年はぜひ酒と煙草をやめて欲しい。人間は健康がたいせつである。我等はできるだけ健康に長生きをし与えられたる使命を重んじその大事業を完成しなければならぬ。身心の健全は若いときに養わねばならぬ。

9

風に吹かれ雨にぬれ、苦しみをこえろ

何といっても植物は採集するほど、いろいろな種類を覚えるので植物の分類をやる人々は、ぜひとも各地を歩きまわらねばウソである。家にたてこもっている人ではとてもこの学問はできっこない。日に照らされ、風に吹かれ、雨にぬれそんな苦業を積んで初めていろいろの植物を覚えるのである。

牧野富太郎コラム4

幸運を味方に人生をきりひらく

１８８９年に、富太郎は学友とともに、新種の植物に「ヤマトグサ」という学名をつけ、「植物学雑誌」第3巻第23号で発表しました。

これは、日本人が初めて自分の力で学名をつけたという画期的な出来事でした。１８９０年には、世界的珍種の食虫植物「ムジナモ」が東京に生息することを発見。観察をしつづけた結果、花が咲くことを確認し、それを発表すると、牧野富太郎の名前は世界中に知れわたりました。

「ムジナモ」の発見の直後、富太郎は突然、東京大学の矢田部教授から、植物学教室への出入りを禁じられてしまいます。

矢田部教授は、富太郎をねたみ、排除しようとしたのです。

さすがに落ち込んだ富太郎でしたが、多くの友からはげましを受けながら、なんとか過ごしているうちに、矢田部教授が職をとかれ、富太郎は助手として大学に戻ることができたのです。またもや幸運に恵まれた富太郎でした。

その後、一時帰郷したあと、東京帝国大学理科大学助手になりました。

そのころになると、実家には頼れず、自分の給料だけで家族の生活費と研究費をまかなわなくてはなりませんでした。借金に追われる苦しい生活でしたが、それにも負けず、『新撰日本植物図説』や『大日本植物志』などを発刊し研究の成果を世に出しつづけました。

こうした功績が認められて、富太郎は50歳で東京大学の講師に抜擢されました。

まわりは一流大学出身者ばかりのなかで、富太郎の出世はとても異例なことでした。

花のように強く生きる

5 章

1

らくらくとこえてみせる

その上わたしは少しノンキな生まれですからいっこう平気でとても神経衰弱なんかにはならないのです。

いまわたしにはふたつの大事業が残されていますので、これからさきは万難を排してそれに向うて突進し、おおいに土佐男子の意気をみせたいと力んでいます。

2

生きていくうえでなにがたいせつなのか

人間は生きているから食物を摂らねばならぬ、人間は裸だから衣物を着けねばならぬ。

人間は風雨を防ぎ寒暑を凌がねばならぬから家を建てねばならぬので、そこではじめて人間と植物とのあいだに交渉があらねばならぬ必要が生じてくる。

3

植物は人間よりも強い

植物は人間がいなくても少しも構わずに生活するが、人間は植物がなくては生活のできぬことである。

そうすると、植物と人間とを比べると人間のほうが植物より弱虫であるといえよう。

4

老人メイてなんかいられるか

わたしは戌の年で今年七十九歳になるのですが、いたって壮健で老人メクことが非常に嫌いですので、したがって自分を翁だとか、叟だとか、または老だとか称したことは一度もありません。

5

ひとりぼっちで生きてきた

わたしが生まれて四歳のときに父が亡くなり、六歳のときに母が亡くなった。わたしはおさなかったから父母の顔を覚えていない。そしてわたしには兄弟もなく姉妹もなく、ただわたしひとりのみ生まれた。

つまり孤児であったわけです。

生まれたときは大変に体が弱かったらしい。

そして乳母が雇われていた。けれども酒屋の後継ぎ息子であったため、わたしの祖母が大変に大事にしてわたしを育てた。祖父は両親より少し後でわたしの七歳のときに亡くなった。

6

学校に行かなくても学力はある

わたしは寺子屋からこの校に移ってこんな学科を習ったのが、それがちょうど十一、十二歳のころであった。そうするうちに明治七年になってはじめて小学校ができたのでそれに入学したが、それがわたしの十三歳のときであった。このときわたしはすでに小学校以上の学力を持っていた。それは上の名教館《めいこうかん》で稽古したからであった。

このときの小学校は上等、下等とわかれ各八級ずつあったから全部で十六級であったわけだ。なんでもこれを四年で卒業する仕組みになっていたようだが、わたしは下等一級を終わったとき小学校が嫌になって自分で退校してしまった。

わたしのまだ在学しているとき、文部省で発行になった『博物図』が四枚学校へ来たので、わたしは非常に喜んでこれを学んだ。

それはわたしは植物が好きであるので、この図を見ることが非常におもしろかった。

そして図中にある種々の植物を覚えた。図は皆着色画で、その第一面が植物学的の事柄で、葉形やら根やら花やらなどのことが出て、その第二面には種々の果実ならびに瓜の類が出ており、その第三面には穀類、豆類、根塊類が出て、その第四面には野菜の類、海藻類、菌類が出ていた。

7 生まれつき自然に好きだった

わたしは生まれながらに草木が好きであった。

ゆえに好きになったという動機はべつになんにもない。五、六歳時分から町の上の山へ行き、草木を相手に遊ぶのが一番たのしかった。

どうも不思議なことには、わたしの宅では両親はもとよりだれひとりとして草木の好きな人はなかったが、ただわたしひとりが生まれつき自然にそれが好きであった。

8

「百年にひとりの男」と呼ばれて

人によるとわたしのような人は百年にひとりも出んかもしれんといってくれますが、しかしわたしはそんな人間かどうか自分にはいっこうにわかりませんが、人様からはよくそんなことを聞かされます。

9

花は黙っているのに美しい

花は黙っています。

それだのに花はなぜあんなに綺麗なのでしょう。なぜあんなにも快くにおっているのでしょう。

思いつかれた夕など窓辺に薫る一輪の百合の花をじっと抱きしめてやりたいような思いにかられても、百合の花は黙っています。

そして一寸も変らぬ清楚な姿で、ただじっとにおっているのです。

10
花は生殖器、自分の子孫をつないでいく

花は、率直にいえば生殖器である。有名な蘭学者の宇田川榕庵《うだがわようあん》先生は、彼の著『植学啓源《けいげん》』に、「花は動物の陰処《いんしょ》のごとし、生産蕃息《はんそく》のとりて始まる所なり」と書いておられる。すなわち花は誠に美麗《びれい》で、かつ趣味に富んだ生殖器であって、動物のみにくい生殖器とは雲泥の差があり、とても比べものにはならない。そして見たところなんの醜悪《しゅうあく》なところは一点もこれなく、まったく美点に充ち満ちている。まず花弁の色がわが眼を惹きつける、花香《かこう》がわが鼻を撲《う》つ。なお子細《しさい》に注意すると、花の形でも萼《がく》でも、注意に値せぬものはほとんどない。

この花は、種子《たね》を生ずるために存在している器官である。もし種子を生ずる必要がなかったならば、花はまったく無用の長物《ちょうぶつ》で、植物の上には現れなかったであろう。そしてその花形、花色《かしょく》、雌雄蕊《しゆうずい》の機能は種子をつくる花の構えであり、花の天から受けえた役目である。ゆえに植物には花のないものはなく、もしも花がなければ、花に代わるべき器官があって生殖をつかさどっている。(ただしもっとも下等なバクテリアのようなものは、体が分裂して繁殖する。)

植物にはなにゆえに種子が必要か、それはいわずと知れた子孫を継ぐ根源であるからである。この根源があればこそ、植物の種属は絶えることがなく地球の存するかぎりつづくであろう。そしてこの種子を保護しているものが、果実である。

草でも木でももっとも勇敢に自分の子孫を継ぎ、自分の種属を絶やさぬことに全力を注いでいる。だからいつまでも植物が地上に生活し、けっして絶滅することがない。これは動物も同じことであり、人間も同じことであって、なんらちがったことはない。この点、上等下等の生物みな同権である。そして人間の子を生むは前記のとおり草木と同様、わが種属を後代《こうだい》へ伝えて断やさせぬためであって、べつに特別な意味はない。子を生まなければ種属はついに絶えてしまうにきまっている。つまりわれらは、つづかす種属の中継ぎ役をしてこの世に生きているわけだ。

11

サクユリは強く美しい

サクユリは、伊豆七島《いずしちとう》における八丈島の南にある小島青ヶ島の原産で、日本のユリ中、もっとも巨大なものである。

花は純白で香気《こうき》強く、じつにみごとなユリで、この属中の王様である。

球根もきわめて大きく、鱗片《りんぺん》も大形で肉厚く黄色を呈《てい》し、食用ユリとしても上位を占むるものといってよろしい。

12

植物のなかで自分は生きている

われらを取り巻いている物のなかで、植物ほど人生と深い関係を持っているものはすくない。まず世界に植物すなわち草木がなかったなら、われらはけっして生きてはいけないことで、その重要さがわかるではないか。

われらの衣食住はその資源を植物に仰いでいるものが多いことをみても、その訳がうなずかれる。

13

植物とともに生きるから自分はしあわせだ

植物に取りかこまれているわれらは、このうえもない幸福である。こんな罪のない、かつ美点に満ちた植物は、他の何物にも比することのできない天然の賜《たまもの》である。

じつにこれは人生の至宝であるといっても、けっして溢言《いつげん》ではないのであろう。

14

自然は大きい

じつに天然こそ神である。
天然が人生におよぼす影響は、まことに至大《しだい》至重《しちょう》であるというべきだ。

15

研究は人生を厚くする

植物の研究が進むと、ためにに人間社会を幸福にみちびき人生を厚くする。

16

生きているうちが花である

人間は生きているあいだが花である。

わずかなみじかい浮世である。そのあいだにおおいに勉強して身を修め、徳を積み、智を磨き、人のためにつくし、国のために務め、ないしはまた自分のためにたのしみ、善人として一生を幸福に送ることは人間としておおいに意義がある。

17

思いやりの心を育てる

蟻一ぴきでも虫などでも、それを無残に殺すことをようしなくなった。
この慈悲的の心、すなわちその思いやりの心をわたしはなんで養い得たか、
わたしはわが愛する草木でこれを培《つちこ》うた。

18

植物が人生の大事なことを教えてくれる

わたしは草木の栄枯盛衰《えいこせいすい》をみて、人生なるものを解《かい》し得たと自信している。これほどまでも草木は人間の心事《しんじ》に役だつものであるのに、なぜ世人《せじん》はこの至宝にあまり関心を払わないであろうか。

わたしはこれを俗にいう『食わず嫌い』に帰《き》したい。わたしは広く四方八方の世人《せじん》に向こうて、まあ嘘と思って一度味わってみてくださいと絶叫したい。

わたしはけっして嘘言は吐かない。どうかまずその肉の一臠《いちれん》を嘗《な》めてみてください。

19

思いやりの心が美しい

みなの人に思いやりの心があれば、世のなかはじつに美しいことであろう。相互に喧嘩も起こらねば、国と国との戦争も起こるまい。

この思いやりの心、むずかしくいえば博愛心、慈悲心、相愛心があれば世のなかはかならず静謐《せいひつ》で、その人々はたしかに無上の幸福に浴せんこと、ゆめゆめ疑いあるべからずだ。

20

人間がよくなる、健康になる、さみしくない

またわたしは世人が植物に趣味を持てばつぎの三徳があることを主張する。すなわち、第一に、人間の本性がよくなる。

野に山にわれらの周囲に咲きほこる草花をみれば、何人《なんぴと》もあのやさしい自然の美に打たれて、なごやかな心にならぬものはあるまい。

氷が春風に融けるごとくに、怒りもさっそくに解けるであろう。またあわせて心が詩的にもなり美的にもなる。

第二に、健康になる。

植物に趣味を持って山野に草や木をさがし求むれば、自然に戸外の運動が足

るようになる。

あわせて日光浴ができ、紫外線に触れ、したがって知らず識《し》らずのあいだに健康が増進せられる。

第三に、人生に寂寞《じゃくまく》を感じない。

21

事実は強い

自分で大発見などとほざくのは、世間さまをはばからず、分際をわきまえぬ大たわけ、僭越至極、沙汰のかぎりだと叱られるのは必定であるが、いま心臓強くこれをがなるのは、そこに「事実」という犯しがたい真理があるからである。

22

まちがった名前をつけるな

なぜ昔からの日本の学者たちは、その花がさわやかで明るく、その大きさが適応で大ならず小ならず、その観た姿がすこぶる眼に快よいヒルガオの花が郊外で薫風にそよぎつつ、そこかしこに咲いているにかかわらず、花が小さくてみすぼらしく色も冴えなく、なんとなく貧相であまり引きたたないコヒルガオをとくにヒルガオと称えたかと推測するに、それは古えより我国の学者が、随喜の涙を流して尊重した漢名すなわち中国名が禍をなしてこんな結果を生んだものだとわたしは確信している。

そうでなければ一方に優れた花のヒルガオがあるにもかかわらず、花の美点の淡き貧困なコヒルガオをことさらに選ぶ理屈はないじゃないか。

23

クルミは二種類しかない

いま日本にはクルミの類が二種しかないとわたしは断言する。そしてその種々の品はことごとくみなこの二種からの変わりたるものにほかならない。ここまでちょっと想起することは、日本でのオニグルミ一名チョウセングルミ（Juglans Sieboldiana Maxim.）はもとより日本の原産ではなく、もとは大陸の朝鮮種が伝わったのであろうと推想し得る。クルミの名もじつは呉果《クルミ》で朝鮮語原であるからそのクルミすなわちオニグルミは昔朝鮮から入ったものといえるわけで、これに疾くチョウセングルミ（ひとつにトウグルミともいわれる）の名のあるのも不思議とはいえない。そこでわたしはオニグルミ一名チョウセングルミをもって、満州、朝鮮ならびに黒龍江（アムール）地方にある Juglans mandshurica Maxim. すなわちマンシュウグルミの一変種だと考定したい。

はたしてそうだとすれば、その学名を Juglans mandshurica Maxim. var. Sieboldiana（Maxim.）Makino と改訂する必要を認める。そしてまたヒメグルミすなわちオタフクグルミの学名も従って Juglans mandshurica Maxim. var. Sieboldiana（Maxim.）Makino forma cordiformis（Maxim.）Makino と改めなければならんことは必至の勢いである。

すなわちマンシュウグルミからクルミすなわちオニグルミが出で、オニグルミからヒメグルミすなわちオタフクグルミが出たのである。

24

インゲンマメには二通りの品種がある

今日世間でいっているインゲンマメには二通りの品種があって、ひとつは前に日本に渡ったインゲンマメ、ひとつはそれより後に渡ったインゲンマメである。元来インゲンマメは昔山城宇治の黄檗山万福寺《おうばくせんまんぷくじ》の開祖隠元禅師《いんげんぜんじ》が、明の時代に日本へ帰化するため、中国から来たとき持ってきたといわれているインゲンマメが正真正銘のインゲンマメであり、それから後に日本へはいってきたのが贋のインゲンマメである。すなわち前入りのものが本当のインゲンマメで、後と入りのものが贋物のインゲンマメだ。そしてこの後と入りのものはじつは隠元禅師とはなんの関係もなく、つまりこのインゲンマメのインゲンは隠元の名を冒《おか》したものにすぎない。地下で禅師はきっと、オレの名をオレとは無関係のいまのインゲンマメに濫用して、わしを無実の罪に落とすとは怪しからんと、衣の袖をひんまくり数珠を打ちふり木魚を叩いて怒っているであろう。

隠元禅師が持ってきたと称する本当のインゲンマメは Dolichos Lablab L. という学名、Hyacinth Bean または Bonavist または Lablab という俗名のもので、これに白花品と紫花品とがあってともにインゲンマメと総称している。そしてその紫花のものをとくにフジマメ、カキマメ（垣豆の意）、ツバクラマメ、ガンマメ、ナンキンマメ、ハッショウマメ、センゴクマメ、サイマメ、インゲンササゲ、トウマメといい、この漢名は鵲豆《ふじまめ》である。またその白花のものをヒラマメ（扁豆）、アジマメ、トウマメ、カキマメと呼び、その漢名は、一名白扁豆である。すなわちこれがまさに隠元禅師と関係のあるインゲンマメそのものであることを確かと承知しおくべきだ。

関西地方では多くこれを圃につくり、その莢を食用に供していて、ふつうにインゲンまたはインゲンマメと呼んでいる。

今日一般にいっているインゲンマメ、それは贋のインゲンマメは Phaseolus vulgaris L. の学名を有し、すなわち俗に Kidney Bean（腎臓豆の意でその豆の形状に基づいた名）といわれているものである。従来これに菜豆の漢名が用いられているが、それは誤りで、この菜豆はなにかべつの豆の名であると断言する理由をわたしは掴んでいる。これは昔からある漢名で、東洋へこの贋のインゲンマメすなわち Phaseolus vulgaris L. が来たずっと以前からの名であるから、その菜豆はけっしてこの豆の漢名にはなり得ないようだ。そして我国の学者がこれを贋のインゲンマメの名としたのは、満州での書物『盛京通志《せいけいつうし》』によったもので、すなわちその文は「菜豆、如《ク》二扁豆《ノ》一而《シテ》狭長可《シ》レ為《ス》レ蔬《ト》」である。また同書菜豆の次ぎの刀豆《ナタマメ》に次いで雲豆と書いてあるものがあって「種来《リテ》レ自二雲南一而味《イ》更《ニ》勝《ル》俗《ニ》呼《ブ》二六月鮮《ト》一」とあるが、あるいは贋のインゲンマメすなわちいまのインゲンマメではなかろうかと思われないでもない。これに六月鮮の名があるところをみると、䕹のインゲンマメのように早くも六月頃に青莢が生るものとみえる。しかしこの Phaseolus vulgaris L. のインゲンマメ（䕹の）の漢名は龍爪豆であって一名を雲藊豆《あじまめ》といわれる。

この䕹のインゲンマメ（Phaseolus vulgaris L.）は上に書いた隠元禅師将来の本当のインゲンマメ（Dolichos Lablab L.）よりはずっと後に日本へ渡来したものである。そしてその初渡来はおよそ三三五年前で、右の本当のインゲンマメの渡来よりおくれたことおよそ五十年ほどである。ゆえに隠元禅師が日本に来たときには、まだその䕹のインゲンマメは我国に来ていなかったから、この豆はなんら隠元禅師とは関係はない。

今日一般に誰も彼もいっているインゲンマメ（䕹の）は海外からはじめ江戸へまずはいってきたものらしい。たぶん外船がもたらしたものであろう。そしてそれが江戸を中心として漸次に関西ならびにその他の諸地方へ拡まっていったもののように想われる。そして江戸をはじめその後諸方でいろいろの方言が生まれたものであって、つぎのような多くの称えがある。すなわちそれは江戸ササゲ、トウササゲ、五月ササゲ、三度ササゲ、仙台ササゲ、朝鮮ササゲ、ナタササゲ、カマササゲ、カジワラササゲ、銀ササゲ、銀フロウ、銀ブロウ、フロウ（同名あり、不老の意）、二度フロウ、甲州フロウ、江戸フロウ、二度ナリ、信濃マメ、マゴマメ、八升マメであるが、江戸ではまたこれをインゲンマメと呼んでいた。飯沼慾斎《いいぬまよくさい》の『草木図説《そうもくずせつ》』では五月ササゲを正名として用い、トウササゲを副名としている。わたしの『牧野日本植物図鑑』にもゴガツササゲの名を採択して用いてある。

大槻文彦博士の『大言海《だいげんかい》』（『言海』もほぼ同文）には本当のインゲンマメ（Dolichos Lablab L.）と贋のインゲンマメ（Phaseolus vulgaris L.）との二種がインゲンササゲすなわち隠元豆として混説してあって、いっこうに当を得ていないことはこの名誉ある好辞典としてはこの謬説まことに惜むべきである。

このインゲンマメは上に述べたように截然ふたつに分ってよろしくべつべつに

解説を付すべきものである。

この五月ササゲと同属でじゅうらいベニバナインゲンといっていたものがある。わたしは信州などでの方言によっていまこれをハナササゲという佳名で呼んでいる。この赤花品をつくっておくと往々にしてその白花品が同圃中で赤花の母品に交って生ずるが、これすなわちシロバナササゲ（Phaseolus coccineus L. var. albus Bailey）であって、単にその花が白いばかりでなくその豆もまた白い。この種は寒い地方に適してよく稔るのであるが、暖地につくると不作である。

25

ヒマワリという花の正体

中国の『秘伝花鏡《ひでんかきょう》』という書物に向日葵、一名ハ西番葵、高サ一二丈、葉ハ蜀葵ヨリモ大、尖狭ニシテ刻欠多シ、六月ニ花ヲ開ク、毎幹頂上ニ只一花、黄弁大心、其形盤ノ如シ、太陽ニ随テ回転ス、如《モ》シ日ガ東ニ昇レバ、則チ花ハ東ニ朝《ムカ》ヒ、日ガ天ニ中スレバ、則チ花ハ直チニ上ニ朝《ムカ》ヒ、日ガ西ニ沈メバ、則チ花ハ西ニ朝フ（漢文）とある。ヒマワリすなわち日回の名も向日葵の名も、こんな意味で名づけられたものである。が、しかしこの花はこの文にあるように日にむかって回ることはけっしてなく、東にむかって咲いている花はいつまでも東にむかっており、西にむかって咲いている花はいつまでも西むきになっていて、あえて動くことがない。ウソだと思えば花の傍に一日立ちつくして、朝から晩まで花を見つめておれば、成るほどと初めて合点がゆき、古人が吾らを欺いていたことに気がつくであろう。しかし花がまだ咲かず、それがなお極く嫩《わか》い蕾のときは蕾を持った幼嫩《ようどん》な梢が日にむかって多少傾くことがないでもないが、これは他の植物にも見られる普通の向日現象で、なにもヒマワリにかぎったことではない。しかしとにかく世間では反対説を唱えて他人の説にケチをつけたがる癖があるので、このヒマワリの嫩梢が多少日に傾く現象を鬼の首でも取ったかのようにいい立てて、ヒマワリの花が日に回らぬとはウソだというネジケモノがときどきあるようだが、しかしついに厳然たる事実には打ち勝てないで仕舞いにはついに泣き寝入りさ。

西洋ではヒマワリのことを Sun-flower すなわち太陽花とも日輪花とも称えるが、それはその巨大な花を御日イサマになぞらえたものだ。明治五、六年頃に発行せられた『開拓使官園動植品類簿《かいたくしかんえんどうしょくひんるいぼ》』にはニチリンソウと書いてあり、国によっては日車の名もある。そしてその頭状花の周縁に射出する多数の舌状弁花をその光線に見立ったものだ。じつにキク科のなかでこんな大きな頭状花を咲かせるものはほかにはない。

ヒマワリすなわち向日葵の花が、不動の姿勢をたもって、日について回らぬことを確信を持って提言し、世に発表したのはわたしであった。すなわちそれは昭和七年（１９３２）一月二十五日発行の『植物研究雑誌』第八巻第一号の誌上で、「ひまはり日ニ回ラズ」の題でこれを詳説しておいた。そしてこの文は『牧野植物学全集』第二巻（昭和十年（１９３５）三月二十五日、東京、誠文堂発行）のなかに転載せられている。

ヒマワリは昔に丈菊といった。すなわちそれが寛文六年（１６６６）に発行せられた中村惕斎《てきさい》の『訓蒙図彙《きんもうずい》』に出で、「丈菊　俗云てんがいばな文菊花一名迎陽花」と図の右傍に書いてある。

宝永六年（１７０９）に出版になった貝原益軒《かいばらえきけん》の『大和本草《やまとほんぞう》』には、向日葵をヒュウガアオイと書いてある。そして「花ヨカラズ最下品ナリ只日ニツキテマハルヲ賞スルノミ」と出ている。これによると、益軒もまたヒマワリの花が日にしたがって回ると誤認していたことが知れる。そしてヒュウガアオイの名は向日葵の文字によって多分益軒がつくったものではなかろうかと思う。

　ヒマワリの実、すなわち痩果は一花頭に無数あって羅列し、かつ形が太いからそのなかの種子を食用にするに都合がよい。また油もしぼられる。鍋に油を布いてこの痩果を炒り、その表面へ薄塩汁を引いて食すれば簡単に美味に食べられる。

26

蓮の話・双頭蓮と蓮の曼陀羅

諸君は、諸処の池に於て「蓮」を見ましょう。その清浄にして特異なる傘状の大きな葉とその紅色もしくは白色の顕著なる花とは、一度これを見た人のけっして忘るることの出来ぬ程立派なものであります。またその蓮根と呼ぶものを諸君は食事のときにときどき食するでしょう。その孔の通った畸異なる形状は、これまた諸子のつねに記憶する所のものでありましょう。

通常蓮根と呼んで食用に供する部分は、世人はこれを根だと思っておりますが、これはけっして根ではありません。それなればこれはなんであるかといえば、これは元来ハスの茎の先きのほうの肥大した一部分であります。この茎はすなわちハスの本幹と枝とであって宛《あた》かもキュウリやナスビなどの幹と枝とに同じものです。このキュウリやナスビなどはその幹枝が空気中にありて上にむかい立てておりますが、ハスでは幹枝が水底の泥中にあって横に匍匐《ほふく》して居るのです。かくの如《ごと》く泥中や地中にある幹枝を、学問上では根茎ともいえばまた地下茎ともいいます。それゆえ通常世人が称する蓮根なるものは、学問上よりいえば地下茎一名根茎といわねばなりません。またこの蓮根を雅にいえば蓮藕また単に藕とも称えます。

この蓮根の食用に供する部は、諸君が知る如く肥厚して居るが、しかしハスの地下茎はその全部本のほうも末のほうも皆かくの如く肥大であるかというとけっして左様ではありません。すなわちその大部分は細ながくて通常泥のなかを走っており、諸処に節ありてこの節から枝を分ち、また葉もしくは花を出すのです。この細長で太い紐の如き部分をハイネ（這い根の意）すなわちみっといいます。この蓮根のこの細長い部は余りに痩せて居るので食用とするには足らぬのでありますが、しかしその嫩《わか》き部を食すればその味がすこぶる宜しい。この細長い部は春より夏にかけて段々ながく生長しその節と節とのあいだ、すなわち節間の長いものは凡《およ》そ二尺にも達するものであります。前述の如くこのハイネより葉も出せば花も出し、また節に一本ずつ互い違いに多い場合は三、四十本の枝（この枝よりまた枝を出す）を分ち、数間より長きものは凡そ二十間位の長さに伸長して遂に秋に至ってその先端ならびに枝の先端の二節間位が始めてようやく肥大し（この部は泥中にて少し下さがりにむいて居る）この処に多量の養分を貯蔵して来年萌発の用意をなし、晩秋より冬にかけてその後部の痩長な部はようやく枯死しこの肥大な部、すなわち通常世人が蓮根と称して食用に供する部のみ年を越して泥中に残り、来年になればこの部の前端の芽が前年に貯蔵せられたる養分のため漸次に生長を始めて伸長し、前年の如くまた痩長なるハイネを生じて秋にいたり、また前年の如くその先端に肥厚の部すなわちいわゆる蓮根を生ずるのであります。

27

竹は強い

竹の稈には節がある上になかが空洞《うつろ》で筒になっています。それゆえ風に抵抗してもとても強く容易に折れません。あの雪の竹を見てもそれがわかりましょう。この姿がまた反撥ある精神にも合致しています。

竹の強いことはその鞭根でもわかります。昔は地震が揺ると竹薮へ逃げ込んだといいます。そこには竹の鞭根が縦横に交錯して地割れがせず避難処として安全だといわれています。

28

スミレを強く愛する

「春の野にすみれ摘みにと来し吾れぞ野をなつかしみ一と夜寝にける」と詠んだその人が、実際スミレがそこにあったのでそれでその野が殊更なつかしかったのであったとしたら、ちょっと他人のおよばないほどのスミレの愛人であるといえる。かくも強くスミレに愛着を感ずる人は世間にあまり見受けぬであろうが、これは山部赤人でその歌は『万葉集』に出ていて有名なものである。

スミレへもこの位の愛を持たねばスミレをたのしむ人もあまり大きな顔をするわけには行くまい。

しかしスミレといえばほとんど誰れでもその名を知らぬものはない位だ。そして何んとなくなつかしい感じがする花であることは辞《いな》み難い。

29

ウラジロという名前の草がある

裏白は暖地の山に繁茂している常緑の羊歯で、その葉の裏が白色をおびているからそれでウラジロの名がある。

このように四時葉色が変らず質も剛くその整然として細裂している葉姿もすこぶるよいので、それで元日の目出度さを祝うてこれを用い初めたものであろう。

この羊歯にモロムキの名があるが、これはすなわち諸向きの意で共に向い合うことであるからこれが夫婦差むかいの象にとれる。

またこのウラジロは元来シダ（今日ではシダはこの類の総名のようになって

いれど実はこのウラジロの名である。ゆえに昔はシダといえばウラジロを指したものである）の名があるので、そこで歯朶の字をこれにあてこれをヨワイノエダと訓《よ》ませ長寿を表象させている。

すなわち朶は通常ながく繁く生長しているものゆえ、それをながく生きる意味に取ったものである。

30

曲がったものは強い

蝦《えび》は長寿の表象としてもちいるもので、その鬚があって体の曲っているのを長生きの老人に見立てたものである。ゆえにエビを海老と書いてある。すなわち海の老人である。ことにその姿勢が勇壮で色も鮮やかだからなおさら賞用せられたものであろう。

トコロもエビと同じくこれも長寿の老人を表象したものである。その地中の地下茎の曲ったのを老人の腰の曲ったのにたとえ、その鬚根を口鬚に比したものである。それゆえトコロを野老と書いてあるがこれは野の老人の意味で、それはエビを海老と書くのと同じ趣である。

31

生きていたものが死んでも残る

そこでその殭《きょう》石と化石とは訳名としてどんな優劣があるかというとわたしは化石よりは殭石のほうがよいと思う。化石はその字面からいうと単《ただ》変化した石であるが、これに反して殭石は原と生きていた物が死んでも依然としてその遺骸が保存せられているという意味を表わしていて、噛んで味無き化石の語よりはずっと趣きがある。しかるに世人は何故この語を採用せずに化石の語に執着しつつあるかというと、そは一には殭の字の字画が多くて書くに面倒だからであろう。

32

妻の名前のついた花が咲く

昭和三年二月二十三日、五十五歳で妻寿衛子《すえこ》は永眠した。

病原不明の死だった。病原不明では治療のしようもなかった。世間にはほかにも同じ病の人もあることと思い、その患部を大学へさしあげるからそれを研究してくれと大学へ贈った。

妻が重態のとき、仙台から持ってきた笹に新種があったので、わたしはこれに「すえこざさ」と命名し、「ササ・スエコヤナ」なる学名を附して発表し、その名は永久に残ることとなった。

この笹は、ほかの笹とはかなり異なるものである。

わたしは「すえこざさ」を妻の墓に植えてやろうと思い、庭に移植しておいたが、それがいまではよく繁茂している。

33

野山に行くと出会うもの

野山へ行くとあけびというものに出会う。

秋の景物の一つでそれが秋になって一番目につくのは、食われる果実がその時期に熟するからである。

田舎の子供は栗の笑うこの時分によく山に行き、かつて見覚えおいた藪でこれを採り嬉々として喜び食っている。

東京付近でいえば、かの筑波山とか高尾山とかへ行けば、その季節にはかならず山路でその地の人が山採りのその実を売っている。実の形が太く色が人眼をひく紫なものであるから、通る人にはだれにも気がつく。都会の人々には珍しいのでおみやげに買っていく。

紫の皮のなかに軟らかい白い果肉があって甘くよい味である。

だが肉中にたくさんな黒い種子があって、食うときそれがすこぶる煩わしい。なかの果肉を食ったあとの果皮、それは厚ぼったい柔らかな皮、この皮を捨てるのは勿体ないとでも思ったのか、ところによればこれを油でいため、それへ味をつけて食膳に供する。

昨年の秋箱根芦の湯の旅館紀伊の国屋でそうして味わわせてくれた。すこぶる風流な感じがした。

今日でもそうかも知らんが、いまからおよそ百年ほど前にはその実の皮を薬材として薬屋で売っていた。

それは肉袋子というおもしろい名で。

牧野富太郎コラム5

富太郎が愛される理由

富太郎と妻・寿衛子は13人の子どもをさずかりました。

大家族の生活はつねに苦しく、そんななかでも富太郎は研究をやめないため、寿衛子が必死で家計を支えました。

しかし、いろいろな無理をつづけたため、55歳という若さで亡くなってしまいます。

愛する妻を失った富太郎は、悲しみに耐えながらも、研究活動、講師や学生の指導、図鑑の発行など一生懸命に働きます。

仙台で発見した新種のササに妻の名前を入れて「スエコザサ」と名づけたのは有名な話です。

富太郎流の愛情表現なのでしょう。

富太郎は出世することや有名になることには無関心で、大学での序列を気にせずに研究を発表したり、教授の論文でもまちがいを指摘することがありました。

お金を稼ぐということは二の次で、生涯を通して、ひたすら植物へ深い愛情を注ぎ、没頭する人生を送ったといえます。

植物採集のときの富太郎は、いつもきちんとした服装で出かけていました。大きなカバンを持ち、丸い眼鏡をかけておだやかな表情をしている写真が多く残っています。

富太郎の笑顔は、とても無邪気で愛くるしい。

この笑顔がまわりの人たちをひきつけて、愛されたのだとよくわかります。

牧野富太郎の
詩・短歌・俳句

6 章

我がこゝろ

我れを思う友の心にむくいんと
今こそ受けしふみのじるしを
その刹那の惑
何の奇も何の興趣も消え失せて
平凡化せるわれの学問
おなじ
年寄りの冷水の例又一つ
世界に殖えし太平の御代
とつおいつ

とつおいつ受けし祝辞と弔辞の方へ
何と答えてよいのやら
苦しい思ひ
今日の今まで通した意地も
捨てにやならない血の涙

たとへ学問の為とはいへ、両親のなきあと酒造る父祖の業をほしいまゝに廃めて其産を使ひ果たせし我なれば
早く別れてあの世に在ます父母におわびのよいみやげ

鼻糞と同じ太さの十二円これが偉勲のしるしなりけり

濁りある水より出でて水よりも浄き蓮《はちす》の露のしら玉

精力のやりばに困るひとり者、亡き妻恋しけふのわが身は

沈む木の葉も流れの工合浮かぶその瀬もないじゃない

長く通した我儘気儘最早や年貢の納め時

薬もて補うことをつゆだにも吾れは思わずけふの健やか

ながく住みしかびの古屋をあとにして気の清む野辺に吾れは呼吸せむ

三年輩《と》ばない鳴かない鳥も輩んで鳴き出しゃ呼ぶ嵐

草を褥に木の根を枕、花を恋して五十年

何時までも生きて仕事にいそしまむまた生れ来ぬ此世なりせば

何よりも貴とき宝持つ身には富も誉れも願はざりけり

我が姿たとえ翁と見ゆるとも心はいつも花の真盛り

草の学問さらりと止めて歌で此世を送りたい

赤黄紫さまざま咲いてどれも可愛い恋の主

年をとっても浮気は止まぬ恋し草木のある限り

恋の草木を両手に持ちて劣り優りのないながめ

眼もよい歯もよい足腰達者うんと働こ此御代に

歌ひはやせや佐川の桜町は一面花の雲

匂ふ万朱の桜の佐川土佐で名高い花名所

朝夕に草木を吾れの友とせばこころ淋しさ折節もなし

何の奇も何の興趣も消え失せて、平凡化せるわれの学問

家守りし妻の恵みやわが学び

世の中のあらん限りやスエコ笹

百歳に尚道遠く雲霞

学問は底の知れざる技芸なり

憂鬱は花を忘れし病気なり
わが庭はラポラトリーの名に恥じず
綿密に見れば見る程新事実
新事実積り積りてわが知識

衣に摺《す》りし昔の里かかきつばた

ハンケチに摺って見せけりかきつばた

白シヤツに摺り付けて見るかきつばた

この里に業平《なりひら》来れば此処も歌

見劣《みおと》りのしぬる光琳屏風《こうりんびょうぶ》かな

見るほどに何となつかしかきつばた

去《い》ぬは憂《う》し散るを見果《みは》てむかきつばた

なるほどと眺め入ったるあけび哉

女客あけびの前で横を向き

貯鍵りのしぬる着湘尉慮かな

牧野富太郎の言葉

7 章

人生れて酔生夢死ほど
つまらないものはない。

おおいに力めよや、吾人！
生がいあれや吾人！

草木に愛を持つことによって人間愛を
養成することが確かにできる。

希望のない人間は動いていても
死んでいらア。

われらが花を見るのは、植物学者以外は、
この花の真目的を嘆美《たんび》するのではなくて、
多くは、ただその表面に現れている
美を賞観《しょうかん》してたのしんでいるにすぎない。
花にいわすれば、誠に迷惑至極と歎《かこ》つであろう。

花のために、一掬《いっきく》の涙があっても
よいではないか。

なんでもこうしようと思っている考えは
大小となく軽重となくいずれも信条である、

だが、信条には立派な信条もあればつまらぬ信条もある、偉大な人の信条はこの上もなく立派なものであるのだが、平凡な人の信条はその人のようにまったく平凡である。

わたしはさいわい七十八歳の今日でも健康には頗《すこぶ》る恵まれていますから、これからの余生をただひたすらわが植物学の研究にゆだねて、少しでもわが植物学界のために貢献できれば、と念じているばかりです。

それゆえまだわたしの専門の仕事は若いときと同じようにできますので誠に心強く、これから死ぬまでウント活動を続けにゃならんと意気込んでおります。

学位などなくて、
学位ある人と同じ仕事をしながら、
これと対抗して相撲をとるところにこそ
愉快はあるのだと思っている。

学者に称号などはまったく必要がない。

学位や地位などにはわたしは、
なんの執着をも感じておらぬ。

わたしは、この肩書で世のなかに
大きな顔をしようなどとは
少しも考えていない。

わたしは草木の栄枯盛衰を観て
人生なるものを解し得たと自信している。

つまりわれらは、
つづかす種属の中継《なかつ》ぎ役をして
この世に生きているわけだ。

われらを取り巻いている物のなかで、植物ほど
人生と深い関係を持っているものはすくない。
まず世界に植物すなわち草木がなかったなら、
われらはけっして生きてはいけないことで、
その重要さがわかるではないか。

その六人がまた次々とあとつぎをつくって孫、ひまごという順についでいく、これが人間のほんとうの務めでありますが、こういうたいせつなつとめをまっとうするためには一定の期間生きていなければならぬ。

あなたがたが菊を愛し、
また植物を愛するその心は、
人間に大変尊いことだと思います。

草や木に愛を持つというのは、
それをかわいがり、いためないことである。
そういう心を明け暮れ養えば、
脇のものをいためないという
思いやりの心が発達してくる。

わたしは天性植物が好きだったのが
何より幸福で、
この好きが一生わたしを
植物研究の舞台に登場させておどらせた。

植物の愛人としてこの世に生れきた。

『大日本植物志』こそ
わたしの腕の記念碑である。

草木はわたしの命。

いざ、草の海にこぎ出でん。

出典著作一覧

- 『花物語　続植物記』（筑摩書房）
- 『牧野富太郎　牧野富太郎自叙伝』（日本図書センター）
- 『牧野富太郎　なぜ花は匂うか』（平凡社）
- 『わが植物愛の記』（河出書房）
- 『植物知識』（講談社）
- 『周五郎に生き方を学ぶ』（木村久邇典著／実業之日本社）
- 『植物記』（ちくま学芸文庫）
- 『植物一日一題』（ちくま学芸文庫）

本書は牧野富太郎の書籍を再構成、再編集して編集部でタイトルをつけました。
本文は現代仮名づかいにしました。
第6章は、牧野富太郎の詩、自由詩、俳句、短歌、川柳を収録しました。

強《つよ》く生《い》きる

笑顔《えがお》らんまんに突《つ》きすすむ言葉《ことば》

2023年6月15日　初版第1刷発行

著　者　牧野富太郎《まきのとみたろう》

発行者　笹田大治
発行所　株式会社興陽館
〒113-0024　東京都文京区西片1-17-8　KSビル
TEL 03-5840-7820　FAX 03-5840-7954
URL https://www.koyokan.co.jp

装　丁　長坂勇司(nagasaka design)
校　正　新名哲明
編集補助　伊藤桂　飯島和歌子
編集人　本田道生

印　刷　恵友印刷株式会社
D T P　有限会社天龍社
製　本　ナショナル製本協同組合

ISBN978-4-87723-310-5 C0095

『論語と算盤』

渋沢栄一の名著を
「生の言葉」で読む。

渋沢栄一

本体 1,000円+税

ISBN978-4-87723-265-8 C0034

日本資本主義の父が生涯を通じて貫いた「考え方」とはなにか。
歴史的名著の原文を、現代語表記で読みやすくしました!